ANALISI FONDAMENTALE

Sommario

ANALISI FONDAMENTALE 1

CAPITOLO 1 4

    Analisi fondamentale: di che cosa si tratta? 4

    Le basi 6

    Riassumendo 15

CAPITOLO 2 21

    L'impresa: qualche nozione 21

    Perché divenire degli azionisti? 21

    Definizione: L'impresa 23

CAPITOLO 3 37

    Che cosa sono i flussi di cassa e i multipli di mercato 37

    Cos'è il bilancio d'esercizio 37

    Nozioni: i flussi di cassa 42

    Cosa sono i multipli di mercato 50

    Imparare a leggere i multipli di mercato 73

CAPITOLO 4 78

Gli indici di redditività 78

CAPITOLO 1

Analisi fondamentale: di che cosa si tratta?

Nel linguaggio interno al settore economico e finanziario, e più precisamente all'interno del trading, con il termine **analisi fondamentale** si definisce la metodologia di valutazione principalmente usata per definire il prezzo delle azioni di una determinata società che è quotata in borsa. Tale metodo è basato su più fattori. In primis si basa sulla lettura dei dati di bilancio finanziario di una società. Quest'ultimi (per esempio ricavi, utili, perdite, etc) sono integrati con quelli di borsa della quota esaminata. L'analisi fondamentale è definita in tal maniera proprio perché effettua un'analisi dei dati fondamentali e basilari per quella che è l'attività aziendale. L'analisi fondamentale è diversa dal trading. Il trading agisce basandosi prevalentemente su una analisi fatta dai dati della borsa e delle azioni quotate, infatti viene definita "analisi quantitativa". L'analisi fondamentale, come definito già in precedenza, tiene conto di molteplici info diverse fra di loro; in maniera più specifica, si concentra sulle modalità di generazione di quello che è il reddito dell'azienda. In più, tale analisi presta molta attenzione e riguardo a quelle che sono le prospettive dei vari settori in cui le imprese vengono inserite. Attenzione: il valore di un'azione quotata non è funzione in maniera unica dalla sensazione che la società ha di un'azienda: un'impresa che è ritenuta valida dall'opinione pubblica e di successo può comunque risultare poco valida nel mondo del mercato. Quello che conta effettivamente è il valore che gli elementi che compongono il mercato (per esempio banche, privati, associazioni, etc.), assegnano ad un'azienda e alle sue quote che sono presenti in borsa. Per poter partire con una giusta analisi fondamentale è necessaria la valutazione del prezzo identificato all'interno della quotazione in borsa del titolo che è in esame. Ciò che è valido per l'analisi tecnica o trading è valido anche per la fondamentale, l'analisi fondamentale infatti non è una scienza: essa, infatti, non può dare delle risposte oggettive, ne potrà quindi mai darle. Da ciò si deduce che sia funzione sempre di diversi fattori, tra cui l'interpretazione soggettiva dell'analista.

Le basi

Per comprendere a meglio il valore effettivo che un'azienda ha sul mercato (e di conseguenza delle sue azioni quotate in borsa) è fondamentale quantificare la capacità di produzione del reddito e di quelli che sono i dividendi. Pe poter far ciò, serve in prima battuta effettuare l'analisi del **bilancio consolidato**. Quest'ultimo racchiude sia gli utili e le perdite di una singola impresa, ma anche gli utili e le perdite di tutte le imprese componenti una catena o gruppo. Serve considerare successivamente il **mercato di riferimento** in cui la specifica società opera e a cui deve fare riferimento. Devono essere considerati quindi diversi fattori come la concorrenza, le prospettive potenziali o attuali, domanda ed offerta. Fondamentali sono poi le **condizioni generali macroeconomiche**. Con tale terminologia si considera l'analisi di quelle che sono le condizioni non solo del mercato locale di riferimento ma anche di tutti quelli che sono avvenimenti economici che influenzerebbero il comportamento e l'andamento del reddito aziendale presa in considerazione (per esempio, recessione o crescita nazionali o addirittura mondiali possono interferire con l'attività presa in esame). Infine, si ha l'analisi del **bilancio aziendale** specifico. Quest'ultimo è composto da due elementi inseparabili: stato patrimoniale ed il conto economico. Tramite tali documenti risulta essere possibile conoscere non solo i possedimenti di una determinata impresa, ma anche quelli che sono i crediti e i debiti stipulati da essa. All'interno del bilancio sono presenti anche tutte le info relative al capitale di investimento, quote associative e così via. Entriamo nel vivo della questione, iniziando dal conto economico. I dati di maggiore rilevanza presenti in esso sono: ricavi ottenuti dalla vendita di beni e servizi; il margine operativo lordo (MOL), che rappresenta il livello di efficienza. Trattasi di un valore che definisce l'impresa e la sua capacità a generare i ricavi, che devono essere poi reinvestiti nelle attività attinenti alla azienda, nel minor tempo possibile. Il conto economico sarà comprensivo del reddito operativo (si intende il margine operativo lordo che è privo di ammortamenti e accantonamenti). Per ultimo, all'interno del conto economico si trova l'utile lordo o imponibile e l'utile netto. La differenza sta nel fatto che l'utile netto è il risultato dovuto alla tassazione calcolata sull'utile lordo. Nell'utile netto non sono inoltre compresi gli altri redditi straordinari e finanziari. Lo stato patrimoniale è diviso in attività e passività. Nella prima sezione (attività) si trova tutto ciò che è posseduto dall'azienda ed i suoi crediti, ma sono presenti tutte le modalità secondo le quali l'azienda in esame usa gli strumenti ed i capitali raccolti non solo dai soci ma anche da investitori o creditori. All'interno delle passività sono presenti tutti i debiti che l'azienda ha contratto e tutte quelle che sono le i finanziamenti e le loro fonti. L'analisi del bilancio è fondamentale poiché è come se fosse una sorta di "fotografia" di quella che è la salute di una impresa sulla quale si vuole investire. I dati che si trovano all'interno del bilancio vengono elaborati tra di loro consentendo il ricavo degli indicatori aziendali. Questi sono poi combinati e integrati con i dati che si trovano sul mercato azionario per avere un numero maggiore di indicatori relativi alle prospettive borsistiche del titolo azionario dell'impresa. Questo appena descritto avviene per via del fatto che, come precedentemente descritto, l'analisi fondamentale tiene conto sia del valore realistico dell'azienda e anche borsistico. Questi due possono non essere coincidenti. Gli indicatori appena descritti, che sono chiamati indicatori di redditività, verranno spiegati più avanti nello specifico, e sono due: il **ROI** (return on interest) e il **ROE** (return of equity). Il ROI definisce la capacità dell'investimento di generare ricchezza rispetto a quello che è l'investimento definito. Va a misurare se l'investimento produce più o meno ricchezza rispetto a quanto esso è costato all'impresa. Il ROE indica se il capitale usato per l'attività rende di più o di meno confrontandolo con investimenti semplici come i titoli di Stato. Il ROE esprime in definitiva il tasso di remunerazione del capitale di rischio e permette la valutazione se (nell'arco di tempo considerato) sia stato o meno raggiunto l'equilibrio reddituale. Tale indice permette di valutare la bontà dell'investimento nell'azienda per i conferenti di capitale. Per quel che concerne la quotazione in borsa, gli indicatori fondamentali dell'A.F. sono: P/E (definito come il rapporto tra il prezzo di borsa e ciò che è ricavabile per ogni azione, quindi l'utile. Price/earnings); P/BV (definito come il rapporto tra il prezzo in borsa attualmente e ciò che si ha di netto per ogni azione, quindi il patrimonio. Price/Book value); P / CF (definito come il rapporto tra il in borsa borsa attuale ed il flusso di cassa per tutte le azioni presenti. Price/cash flow); D/Y (definito come rapporto tra il dividendo considerato singolarmente ed il prezzo di azione considerata anch'essa singola, Dividend/yeld). Per definire infine l'analisi del flusso macroeconomico interno all'impresa quotata vengono considerati altri termini, indicati come indicatori macroeconomici.

In termini pratici è possibile investire tramite l'analisi fondamentale in diverse vie:

- Confrontando ed analizzando i bilanci facenti riferimento a periodi temporali differenti. Così facendo è reso possibile il monitoraggio, in contemporanea, sia delle info che le notizie riguardanti la società stessa, ottenendo così successivamente una previsione su ciò che sarà la produttività dei mesi successivi. Quest'ultima viene poi associata ai dati che provengono dalla borsa mediante l'uso di software creati ad hoc: questo però comporta uno svantaggio, ovvero che si deve fare tutto da soli, imparando ed assimilando di passo per passo tutto ciò che è necessario. Da qui però si arriva all'ottenimento di dati ed info che risultano essere sicuramente di riferimento primario.

- Una seconda via si basa per via unica su quello che è il consensus (ovvero rappresenta il complesso totale di quelli che sono i giudizi definiti sulla società in riferimento da parte di soggetti professionisti come analisti). Solitamente il *consensus* è raccolto e successivamente trasferito da società professionali specializzate nella branca dell'informazione finanziaria. In contrasto a ciò che è stato definito precedentemente, questo significa avere fiducia delle analisi svolte da terze parti (soggetti esperti), anche se per un certo lato possono trovarsi in una posizione di conflitto netto di interesse con le stesse società con cui si trovano a tavolino a giudicare, d'altro canto vengono utilizzati quasi totalmente all'interno del mercato;

- La terza via è data dalla combinazione dei due punti precedentemente descritti con il fine della ricerca di una via intermedia: per esempio, si può usare come start il *consensus* definito professionalmente per poi sovrapporre sul consensus le necessarie verifiche da svolgere e i necessari accorgimenti di controllo.

L'uso primario che è svolto della A.F. (analisi fondamentale) è quello che è indirizzato verso la branca del cosiddetto "trading online". Questa branca è di fondamentale importanza per considerare gli investimenti in un arco di tempo medio lungo. Se dovesse esserci l'eventualità che l'investitore preferisce investire in quelli che sono investimenti relativi ad un breve o brevissimo periodo, sarebbe necessario tenere in considerazione che tale metodo è meno attendibile se si dovessero presentare degli improvvisi cambi di scena. Si consiglia di usare in quest'ultimo caso (ulteriormente alla A.F.), anche la tradizionale analisi con il metodo tecnico.

Sono presenti in internet alcune piattaforme che offrono dei servizi di broker, che ulteriormente al loro servizio svolto offrono anche dei servizi di A.F. Tutti gli analisti esprimono il cosiddetto giudizio sintetico a intervalli più o meno regolari (definito come rating), definendo successivamente un prezzo oggettivo, chiamato target price. Controllando in contemporanea sia l'andamento dei vari rating e dei vari target price si riesce a farsi un'idea sulla trasformazione del consensus, questo a livello indicativo, facendo quindi riferimento a quel modo in cui la società (o più società) viene (vengono) vista/e nel futuro dai professionisti.

I dati ottenuti mediante estrapolazione partendo dagli indicatori presenti nella A.F. possono essere successivamente elaborati nuovamente per la formazione di grafici di borsa, usati per confrontare quella che è l'evoluzione di un determinato titolo. Questo succede con un obiettivo per tutti i momenti sovrapposti ad eventi considerati straordinari della vita sociale.

Riassumendo

Le due analisi precedentemente descritte sono le analisi di fondamentale importanza e sono imprescindibili per poter svolgere una precisa e corretta analisi del mercato. Quello che si può dire è che l'analisi tecnica ha le sue fondamenta sullo studio dei grafici e diagrammi, mentre l'analisi fondamentale basa i suoi concetti esternamente a quelle che sono le transazioni di prezzo all'interno nei diversi settori. Da ciò che abbiamo detto segue che l'ultima analisi elencata risulterà più frequentemente difficile per tutti i soggetti che sono alle prime armi, necessitando quindi di un impegno maggiore, di un quantitativo di energie elevato e di uno studio approfondito.

Risulta essere quindi possibile cogliere se una determinata azione (che è soggetta ad investimento) risulti valida o meno. Si stima così ciò che viene definito come "fair Value", ossia quello che è il valore oggettivo del costo delle azioni prese e considerate. Successivamente al suo calcolo, deve essere messo e confrontato con il costo corrente di quelle azioni che sono presenti in borsa, che sono di proprietà di una società, si definisce così il cosiddetto market value (valore di mercato). Facendo questa comparazione si riesce a capire se l'azione in considerazione venga sottovalutata o viceversa, sopravvalutata. Nel caso di sottovalutazione si avrà che il valore di mercato risulterà essere inferiore al fair value. Nel caso di sopravvalutazione viceversa. Nel caso di presenza di società sottovalutata (vedi descrizione fatta precedentemente) possiamo dire di avere tra le mani quello che è un'ottima possibilità di investimento. Ovviamente questo non significa che sia effettivamente così, infatti ci sono delle questioni da considerare: si deve innanzitutto aspettare che il mercato risenta dello squilibrio appena citato, e che quindi lo recuperi. Tale processo (ci riferiamo al tentativo di recupero di uno squilibrio di mercato) determinerà un innalzamento delle quotazioni. Durante tutto ciò, per merito dell'utilizzo dell'A.F. noi potremmo avviarci ad aprire il nostro investimento. La finalità è dunque quella di svolgere delle previsioni sulle oscillazioni dei prezzi futuri, ma anche su sulla stabilità e sulla redditività futura sia dell'azienda che delle sue azioni. Ciò significa che si tratta di avere una sorta di sicurezza sull'opportunità di guadagno investendo su di essa. Saranno quindi analizzate due informazioni essenziali durante l'analisi: stiamo parlando dei dati macroeconomici e microeconomici. Quelli elencati per primi non sono nient'altro che indicatori del sistema totale, trattasi dei cosiddetti "market mover", e la loro evoluzione costante definisce gli asset in termini di prezzo. Classico esempio è il PIL (prodotto interno lordo). Viceversa, i secondi elencati vanno ad analizzare quelle che sono le info relative all'impresa per poter definire stabilità e redditività di un'impresa. L'analisi microeconomica per poter essere considerata corretta deve mettere in luce diversi fattori, tra cui:

- Il planning dell'impresa in esame (ciò che deve essere calcolato);
- L'analisi (sia economico che finanziaria) della sezione di cui fa parte l'impresa;
- il bilancio d'azienda, esso è formato dallo Stato patrimoniale e dal conto economico (tale branca di analisi è anche definita forecasting);
- questa tipologia di analisi presenta la finalità dell'individuazione dei payoff che sono da usare nelle diverse metodologie di valutazione (trattasi per esempio di free cash flow e anche dividendi);
- definizione degli indicatori di bilancio precedentemente descritti. Tali devono essere definiti e successivamente messi a confronto i dati storici della azienda o di altre imprese concorrenti o simili.

Altri indici che possono essere utilizzati per il calcolo del valore interno sono anche definiti come differenti multipli di mercato per quella che è definita come analisi dei flussi di cassa. L'insieme dei risultati delle analisi permettono di fornirci delle indicazioni sullo status di un'azienda nel periodo in cui si sta muovendo.

CAPITOLO 2

L'impresa: qualche nozione
Perché divenire degli azionisti?

Nel momento in cui noi singoli soggetti compriamo con i nostri soldi delle azioni, possiamo definirci come degli azionisti in opera. Ma questo, che cosa significa? Significa che noi stiamo investendo a livello economico su quella che è la crescita e sulla produttività dell'azienda scelta da noi stessi. Sarebbe quindi come se si possedesse una piccola quota dell'impresa stessa su cui abbiamo puntato dei soldi per l'investimento. Nel momento in cui compriamo quindi delle azioni, diventiamo soci dell'impresa: partendo da questo presupposto si avrà diritto ai dividendi (i guadagni che l'impresa riesce a generare). Tutto questo si verifica nel momento in cui i dividendi non vengano utilizzati dall'impresa per ulteriori occupazioni, per il reinvestimento. I soci oltre ad avere diritto ai dividendi, hanno la possibilità di monetizzare dal capital gain (differenza tra prezzo di un titolo a cui si compra e a cui viene venduto). Per esempio, se il titolo fosse stato acquistato ad un prezzo relativamente basso, e poi il suo valore è aumentato, la sua vendita genera guadagno, dato dalla differenza dei costi di acquisto e di vendita.

Per tutti e due i casi, è importante che l'azienda sia ben solida, stabile e che generi guadagno. Se così infatti non fosse l'azienda stessa fallirebbe insieme ai soci che hanno deciso di investire su di essa. Per poter quindi affacciarsi a questo mondo e investire su dei titoli di una azienda è di fondamentale importanza l'uso dell'analisi fondamentale. È quindi di importantissimo capire cos'è un'azienda e come funzionano i suoi meccanismi primari e principali.

Definizione: L'impresa

Che cosa si intende per impresa? Per poter cogliere del tutto questo termine e tutto ciò che ne segue doverosamente, è di necessaria importanza capire e cercare di approfondire molteplici nozioni come quella di bilancio, stato e report finanziario di un'impresa, vedere che cos'è l'utile, la perdita, e così via dicendo. Tali termini sicuramente risulteranno noiosi e addirittura pesanti per coloro che vi si affaccia per la prima volta, ma è doveroso concentrarsi a priori su cosa sia effettivamente un'azienda e sulle differenti tipologie di imprese presenti nel mondo del mercato. I cosiddetti bilanci e report sono per le imprese (o aziende) degli obblighi che sono imposti dalla legge, ricorrendo a delle pesanti sanzioni (anche legali) se non conseguono al rispetto di questi vincoli. Tali items risultano avere anche una certa importanza per l'impresa: infatti, grazie a loro, l'azienda (o impresa) può in maniera permanente e costante monitorare e analizzare sè stessa ed il proprio rendimento economico. Tempo fa non esistevano i controlli qualitativi: questi appena citati formavano gli unici modi attraverso i quali la direttività di una azienda aveva la possibilità di cogliere il personale andamento di produzione ed il loro stazionamento nel mercato in riferimento alla concorrenza. Dalla cosiddetta analisi fondamentale è possibile capire se ha successo tra i clienti, e, nel caso in cui risultasse necessario, il più efficiente modo per aggiustare il tiro.

Un'impresa (o azienda) è quindi un complesso sistema all'interno del quale sono presenti sia componenti veri e tangibili, che componenti impalpabili. Sono dunque presenti sia immobili materiali che non materiali, così come persone (o soggetti) ed intelligenze che lavorano con mezzi tecnici. Dentro una struttura aziendale, a partire dalle risorse di finanza a quelle umane, tutto è definito per la produzione di ciò che è il valore effettivo dell'azienda nel mercato, fino ad arrivare al consumatore. Possono venire viste sotto punti di vista diversi tutte le imprese. Quest'ultima può essere o una organizzazione economica oppure un sistema che è formato tramite interazioni sociali. In più, è anche una struttura patrimoniale. Per quanto riguarda l'organizzazione economica, un'impresa di tutto rispetto deve sempre mirare al soddisfacimento dei bisogni dei consumatori mediante l'attività della produzione. Tale attività ha il compito (e riesce) a trasformare tutte le risorse che sono in ingresso, in servizi e beni che sono affacciati ai client. Chi fonda l'impresa (l'imprenditore), per poter far sì che sia operativa, parte con l'investire un determinato capitale. L'azienda quindi, per poter svolgere il tutto correttamente, dovrà di conseguenza, una volta che si è avviata, essere in grado di generare sia reddito che anche il valore. Ciò significa che deve produrre utili, ciò significa che deve appunto guadagnare. Se non si ottengono dei profitti, non potrà quindi sopravvivere. Ne segue che tutti coloro che hanno investito in essa, avranno una perdita di denaro.

Che cosa sono i Costi e ricavi aziendali

All'interno del mercato sono presenti differenti forze competitive con le quali ogni impresa si trova costantemente a confrontarsi. Tali risultano individuabili e di conseguenza soggetti ad analisi grazie alla cosiddetta analisi fondamentale. Le componenti fondamentali sono: i fornitori (indipendenti), i prodotti sostitutivi di quelli dell'impresa, l'andamento irregolare o regolare degli acquirenti, e la concorrenza, relativa alle altre imprese che forniscono dei beni o dei servizi similari a ciò su di cui si vuole investire. Essere a conoscenza di tali forzanti nel loro dettaglio permette all'impresa di capire fino in fondo come è strutturato il settore a cui è collocata. L'analisi fondamentale ha il compito di trovare il vantaggio competitivo dell'impresa (è un valore che distingue l'impresa dalla massa e che le permette di avere un guadagno) e a stabilire se esso sia duraturo o meno. L'anno si chiude in utile nel momento in cui (per l'impresa) i ricavi risultano essere maggiori dei costi: l'analisi fondamentale consente di definire il valore di ricavi e costi. Nel momento in cui si presenta una situazione inversa dove i costi sono maggiori dei ricavi, l'impresa sta chiudendo l'anno in perdita. I guadagni si generano mediante la vendita di beni e prodotti dell'azienda, mentre i costi sono direttamente proporzionali dalla quantità e qualità di merce prodotta e venduta. Aumentando i ricavi, l'azienda permette di essere sempre più forte ed in salute. Tale dato emerge chiaramente dall'analisi fondamentale condotta sul bilancio aziendale: se l'azienda è produttiva, sarà sensato investire in essa e comprarne un titolo.

Come già accennato, durante la gestione di un'impresa è molto fondamentale generare ricavi, quanto gestire anche i costi d'impresa. Quest'ultimi possono essere fissi o variabili. I primi: costituiti da tutti i costi che non possono essere eliminati o modificati in un periodo di tempo relativamente breve, o che comunque vanno a formare dei costi per la gestione dell'azienda, senza i quali non si potrebbe fare molto, anzi nulla , (per esempio, le tasse che l'impresa deve periodicamente sostenere allo stato, oppure anche la spesa per l'affitto della locazione aziendale in cui è svolta l'attività). I costi variabili, viceversa, possono cambiare in funzione dell'ammontare del prodotto, del tempo di usura del bene che è stato acquistato, del tempo di utilizzo che si fa di un determinato items comprato, etc. Facciamo un esempio, se dovrò fornire 15 bottiglie di Coca Cola, ne avrò più necessità che se ne dovessi servire 10. Ne segue che si spenderà più soldi per l'acquisto di un determinato prodotto. La funzione dei sistemi di contabilità è quello di registrare l'ammontare di ciò che si è ricavato (guadagnato e definito guadagni), e di ciò che si è speso (i cosiddetti costi). Specificatamente, la materia che viene chiamata "contabilità analitica" va ad analizzare dove ed in che modo è generata una più grande quantità di ricavi aziendali, e dove e come invece si presentano le più importanti spese e quindi i costi. L'analisi che ha il compito di definire sia i bilanci aziendali che l'ambiente di competizione del settore di collocazione dell'impresa risulta fondamentale per una giusta strategia. Può essere deciso, per esempio, di eliminare determinati costi ritenuti superflui, oppure movimentare dei sottosistemi di impresa che risultano essere meno redditizi (in questo modo si abbattono i costi per un determinato periodo di tempo).

Imprese e Borsa: perché le aziende si quotano?

Ad oggi, la quasi totalità delle aziende si immettono sul mercato finanziario con la finalità di rafforzare il proprio profilo, la propria funzione nel mercato ed il loro prestigio, questo serve per dare una dimostrazione al mercato di essere sufficientemente solide da permettere di riuscire ad attirare l'attenzione di terze parti, con l'intento di convincerle a far affidamento su di esse (investire su di loro). Altre imprese, tuttavia, si quotano nel mercato per poter dimostrare a quest'ultimo di essere sufficientemente solide a sostenere le oscillazioni che costituiscono il mercato dei capitali. La fase di quotazione da parte di una impresa è finalizzata a suscitare interesse sugli investitori per poter promuovere sé stessi sul mercato internazionale.

La quotazione porta conseguentemente un alto credito presso le banche, questo perché i titoli che sono presenti in borsa vengono essere usati come garanzia di pagamento. Un ulteriore aspetto di positività è il fatto che la quotazione è segno di incentivo per managers, i quali possono acquistare i titoli ed investire loro stessi nell'impresa di cui fanno parte.

Differenze: Monoprodotto o multiprodotto?

Durante lo svolgimento di un'analisi fondamentale è di fondamentale importanza capire se un'azienda sia monoprodotto oppure multiprodotto. La differenza sta nel fatto che le prime fatturano tramite la produzione e la vendita di un singolo bene mentre le seconde viceversa fatturano grazie alla produzione e vendita di un'ampia gamma di beni. Le imprese definite monoprodotto hanno la tendenza ad essere più fragili e deboli per via del fatto che il loro fatturato è funzione unica della vendita di un unico bene, ne segue che se va male quello, si ha una diminuzione del fatturato. Non sempre è così: per esempio, le aziende monoprodotto facenti parte di un franchise o sono presenti in partnership con altre imprese, hanno comunque le spalle coperte.

Impresa e capitalizzazione

All'interno della disciplina dell'**economia aziendale**, con il sostantivo di capitalizzazione si fa riferimento alla pratica di destinazione da parte di una impresa una parte dei ricavi conseguiti agli impieghi. È definito come tasso di capitalizzazione il rapporto tra il capitale proprio e mezzi di terzi: è un valore, che per essere considerato ottimale deve essere tendente a 1. Se invece il valore di capitalizzazione è tendente a 0, sta a significare che i creditori non sono sicuri. Bisogna però fare attenzione anche al tasso di capitalizzazione ed alla sua altezza, questo starebbe a significare che l'azienda non sta investendo in quasi nulla.

Nella disciplina della finanza, con il termine di capitalizzazione si fa riferimento al numero delle azioni per cui sono quotate, prodotto successivamente per il costo di mercato di una singola azione. Tale valore spesso si differisce molto dal valore nominale delle azioni. Solitamente il termine di capitalizzazione viene utilizzato per farsi un'idea dell'opinione pubblica relativamente a quello che è il patrimonio aziendale; ma contemporaneamente, il tasso di capitalizzazione fa anche trasparire il valore patrimoniale di un'azienda. Quest'ultimo indica il valore di mercato di una società; grazie a questa analisi possono essere sfruttate le info a nostro vantaggio. La capitalizzazione è anche utilizzata per poter capire ed analizzare la grandezza di una determinata società. Da tutto ciò si deduce che, l'insieme di tutte le capitalizzazioni che sono quotate sul mercato permettono di valutare la grandezza di un settore o persino di un'intera borsa. Il tasso non viene usato solamente come una tecnica di misura delle dimensioni aziendali, ma anche per poter calcolare la liquidità di un'azione: segue che più una azione è capitalizzata, più è liquida, e poco influenzata dalle manipolazioni del prezzo (in poche parole non è in funzione di esso). È da tenere conto però che basarsi unicamente sul solo tasso di capitalizzazione sarebbe un errore: vengono così definiti degli indici che sono usati nell'analisi fondamentale (roa, roe, etc). Una volta studiata l'impresa dal punto di vista generico, è di fondamentale importanza passare alla disamina dei dati concreti. Tali elementi si possono confrontare nel tempo e definiscono in maniera reale se l'impresa scelta è una vincente per poter guadagnare, quindi se vale la pena comprarne le azioni.

CAPITOLO 3

Che cosa sono i flussi di cassa e i multipli di mercato

Cos'è il bilancio d'esercizio

Per comprendere a fondo i guadagni che sono in ingresso in un arco di tempo preso in considerazione è necessario capire il bilancio di esercizio di un'impresa, ed il suo capitale di funzionamento.

Quest'ultimo è composto da tre componenti:

- Lo stato patrimoniale;
- Il conto economico;
- La nota integrativa.

La prima componente elencata, cioè lo stato patrimoniale, ha la funzione di mantenere e di illustrare lo status patrimoniale di una impresa. Con il termine "situazione patrimoniale" si intende, all'interno della branca dell'economia aziendale, ogni singolo bene che è in possesso dell'azienda, ovviamente è anche compreso il capitale, e ogni singolo debito che l'impresa ha verso terze parti. Lo stato patrimoniale è quindi suddiviso in due parti essenziali e fondamentali:

- La prima parte è il patrimonio attivo: formato da tutti i possedimenti e investimenti svolti dall'impresa; questo patrimonio va ad includere anche tutte quelle che sono le azioni effettuate dalla azienda. Ne segue che all'interno della sezione delle attività dovranno essere immesse tutte le attività, sia immobilizzate che correnti.
- il patrimonio passivo, all'interno di esso vengono riportati tutti i debiti che l'impresa ha nei confronti di terze parti. Nei debiti sono immessi il capitale sociale, i prestiti a lungo

termine e per ultime le passività correnti.

Per poter andare a fondo e svolgere una corretta e puntigliosa analisi fondamentale è necessario essere a conoscenza sia lo stato patrimoniale, ma anche il conto economico. Tale relazione fornisce i dati necessari a conoscenza si quanto effettivamente la società ha realizzato, questo sia per l'aspetto positivo che negativo, nell'arco di tempo preso in esame.

Nel conto economico sono comprese diverse attività aziendali, tra cui:

- Il fatturato dell'impresa
- I costi da essa sostenuti
- Gli interessi e i proventi straordinari
- I proventi finanziari
- Le imposte
- L'utile netto (quindi al quale sono già state applicate le tasse).

Con il termine di utile netto si intende il guadagno totale, ovvero l'effettivo reddito accumulato da un'azienda. Se l'utile netto dovesse risultare positivo, risulta possibile la decisione di reinvestire in attività dell'impresa oppure, si può preferire di lasciare in mano ad investitori / azionisti. Segue che se l'utile dovesse essere lasciato agli azionisti verrà consegnata a voi una cedola. Inoltre, quando l'utile risulta essere positivo, si può avere un autofinanziamento della società senza quindi dover far fronte ad eventuali prestiti da terze parti, oppure, sarà quindi in grado di saldare i debiti precedentemente avuti. Se l'utile netto risultasse invece negativo, potrebbe costituire una situazione problematica. In definitiva un bilancio aziendale consolidato è quel bilancio che mette in mostra la struttura ossea del patrimonio di una azienda, e l'andamento economico finanziario di un insieme di aziende che fanno riferimento ad una impresa che si occupa di stilarlo. Si hanno diversi modi per valutare una azienda. I modelli più usati per l'analisi di una società sono due essenzialmente: i multipli di mercato ed i flussi di cassa. Entrambi i metodi utilizzati presentano vantaggi e svantaggi, ma una analisi ottimale è ottenuta unendo e usando entrambi i modelli. Per via di questo motivo si andrà ad analizzare entrambi i metodi, partendo dal più veloce a livello di analisi, ovvero i flussi di cassa. I risultati che si ottengono da questi modelli di analisi potranno essere diversi: nel nostro caso, per arrivare ad una soluzione è possibile svolgere una media ponderata tra i risultati ottenuti. Sarà poi successivamente compito di chi svolge le analisi decidere prontamente (in funzione dei dati ottenuti) quale strategia utilizzare e da mettere in atto, e quali usare all'interno dell'analisi fondamentale.

Nozioni: i flussi di cassa

Tali sono denominati anche Discounted Cash Flow, nome che è semplicemente rappresentabile nella sigla DCF. Trattasi di uno dei metodi più utilizzati per condurre al meglio una analisi aziendale. Tale, infatti, permette di ottenere il valore del capitale totale di una azienda utilizzando il valore corrente dei flussi di cassa che potrà avere in un arco di tempo futuro, successivamente poi scontati di un tasso di attualizzazione. Per svolgere i calcoli necessario è doveroso utilizzare il valore attuale (o corrente) dei flussi di cassa che sono previsti per un determinato periodo di tempo che è stato precedentemente definito ed un valore finale, che non è altro che il medesimo di quello dei flussi di cassa per l'arco di tempo identificato.

Se non si dovesse essere a conoscenza dei flussi di cassa sarebbe sempre possibile utilizzare i dividendi. In quest'ultimo caso elencato, si arriverebbe ad ottenere il Dividend Discount Model, riassunto in sigla D.D.M. tale indicatore è usato per la maggior parte delle volte per i titoli singoli che appartengono a delle imprese di successo sul mercato, questo per merito dei dividendi e della loro politica, o anche per merito delle attività delle banche e al loo intervento. Successivamente al calcolo dei flussi di cassa e possibile procedere con il calcolo per trovare il valore complessivo dell'impresa.

Vediamo ora come conoscere il valore di un'azienda grazie ai flussi di cassa

Per il conoscimento del valore di un'impresa è necessaria l'unione di tre elementi differenti tra loro e ad essa appartenenti, essi sono:

- il valore del flusso di cassa, precedentemente elencato e come trovarlo;
- le tempistiche e le scadenze dove si prevede la realizzazione dei flussi di cassa;
- i diversi fattori di rischio presenti, che possono influenzare produzione e guadagno.

Risulta quindi possibile essere a conoscenza del valore di una azienda andando semplicemente a sommare i tre indicatori precedentemente elencati, ai quali si sottrae poi il tasso di attualizzazione (è un valore che esprime la percentuale di rischio imprenditoriale, quindi se l'attività è ben avviata o meno).

La formula necessaria per definire il valore di una impresa sarà, in termini matematici espressa come:

VA (valore dei flussi di cassa correnti) + Pfn (posizione finanziaria dell'impresa) + assets (esclusi i relativi alla gestione caratteristica).

Mediante l'analisi fondamentale è possibile ottenere due tipologie di flussi di cassa, ovvero i flussi levered e flussi unlevered. Vediamo insieme la differenza fra le due tipologie.

- I flussi levered: tali sono dei flussi di cassa che vengono messi a disposizione per gli azionisti, vengono resi correnti mediante l'utilizzo del C.A.P.M. (Capital Asset Pricing Model).

- I flussi unlevered: sono a differenza dei primi i flussi di cassa messi a disposizione sia degli azionisti che dei creditori, sono correnti mediante l'uso del W.A.C.C. (con tale sigla si intende il costo medio ponderato del capitale).

Capital Asset Pricing Model e Costo Medio Ponderato del Capitale sono praticamente i tassi che servono per l'attualizzazione del profilo di cassa; questi vanno semplicemente ad indicare il profilo di rischio. Tra i due tassi vi sono delle differenze fondamentali.

La prima metodologia, infatti, arriva indirettamente al valore totale del capitale aziendale. A conferma di ciò, la valutazione del capitale di una azienda è ricavata sottraendo dal capitale aziendale la quota di indebitamento e gli assets (non contenuti nella gestione caratteristica). Il secondo metodo, viceversa, permette di ottenere in maniera diretta il prezzo del capitale netto. Queste due metodologie illustrate devono condurre alla stessa cifra (questo avviene se e soltanto se il rapporto di indebitamento è citato correttamente tra i tassi usati per scontare i tassi). Una volta individuato il flusso di cassa (indipendentemente dal metodo) si hanno tre diverse modalità finalizzate al ricavo del valore societario, questo tramite l'analisi fondamentale trading.

Tecniche più usate per calcolare il valore delle azioni

Queste tre metodologie permettono al potenziale investitore di avere un'idea della situazione dell'impresa, ovviamente questo prima di decidere se investire o meno su di essa.

- Il metodo finanziario analitico: i flussi di cassa sono calcolati e ricavati annualmente, questo avviene fino a fine ciclo di vita della impresa. Tale metodologia è usata considerando un arco o orizzonte temporale ben definito, quindi avviene quando è ipotizzabile una più (o meno) stabile prevedibilità dei flussi.

- Il metodo finanziario sintetico: esso risulta nettamente utile quando si ha lavora con analisi relative ad un arco di tempo lungo. Questa metodologia viene prevalentemente utilizzata per l'analisi di aziende che hanno un determinato equilibrio economico e finanziario molto stabile e duraturo nel periodo di tempo. Trattasi di tutte le imprese che presentano una matura età e che presentano bilanci regolari nel corso degli anni. Tale metodologia è basata sulla stabilità di determinate info (per esempio i flussi di cassa, guadagni netti, tassi di capitalizzazione).

- Il metodo finanziario analitico con terminal value: è il metodo prevalentemente utilizzato, questo per via del fatto che permette di risolvere la problematicità della previsione dei flussi. Quest'ultimi, infatti, vengono calcolati e si svolge successivamente una previsione dei flussi di cassa comprendente un predeterminato e predefinito arco temporale (solitamente compreso fra i quattro ed i sette anni) proseguendo poi successivamente con tale stima. Si parla quindi di metodologia "della rendita perpetua". Il capitale sarà definito dalla sommatoria dei flussi di cassa con il terminal value ottenuto grazie alla relazione di Gordon.

Cosa sono i multipli di mercato

Gli indici elencati fino a qui vengono dati dalle aziende stesse; nell'analisi fondamentale (e non come nell'analisi tecnica) non ci sono dati che si debbano inventare dal nulla o calcolare da zero. Il modo di funzionamento dell'analisi fondamentale è ancora più facile per i tutti coloro che sono i potenziali investitori, poiché la moltissimi software e piattaforme permettono di poter fare in modo automatico il calcolo del valore di tutti quei multipli che si andranno a indicare nelle pagine che seguono, e che sono indispensabili per una giusta analisi fondamentale.

Differentemente dai flussi di cassa discussi in precedenza, quelli di mercato sono quindi più immediati e facili da calcolare, e più veloci. I multipli dei quali si discuterà in questo capitolo sono formati dal rapporto tra il costo di un titolo (cioè le quotazioni) e i multipli che fanno riferimento al valore della azienda presa in esame nel corso dell'analisi. Le unità di misura che si usano di solito nel corso del calcolo dei multipli sono sostanzialmente tre: l'utile, la merce che è stata venduta, il valore del proprio capitale. Conoscere questi valori, essere in grado di calcolarli, permette quindi agli investitori di capire se l'acquisto di una certa azione sarà in grado di produrre denaro o no.

Mettendo in atto il rapporto fra questi dati si potranno ottenere diversi multipli di mercato; questi multipli vengono usati per il calcolo del valore reale di un titolo dato (o azione target). Una cosa indispensabile che si deve sempre ricordare è che è necessaria sempre la coerenza di tempo tra i dati che stanno al numeratore e quelli che stanno al denominatore: i calcoli sbagliati devono essere per forza cancellati dal conteggio. Il principio che abbiamo appena visto include tre diversi tipi di multipli.

- Trailing: per confrontare i costi del momento con quelli dell'anno appena passato. Essi sono sempre quelli più aggiornati e i più completi.
- Current: utili per confrontare tra loro i costi del momento con quello che sono stati inseriti nell'ultimo bilancio che è stato effettuato.
- Leading: essi consentono di confrontare i costi del momento con i risultati che sono previsti entro il termine dell'anno che deve ancora venire.

Cosa sono i multipli di bilancio e come si usano

I multipli di bilancio che vengono maggiormente usati sono fondamentalmente quattro. Il più importante è il cosiddetto indice ROA (anche detto Return On Asset). Questo indicatore può anche venire chiamato (Return On Net Asset – riassunto nell'acronimo RONA). Il ROA o RONA è indispensabile per l'analisi dei dati dell'impresa, poiché esso è in grado di calcolare quanto un'azienda è in grado di generare ricavi e guadagni. Il ROA o RONA misura quindi la redditività operativa aziendale. Con questo termine si indica quanto la gestione caratteristica aziendale è capace di generare utile basandosi su un determinato investimento fatto in precedenza. Questo indicatore è capace di calcolare le modalità secondo le quali cui una azienda può prendere decisioni fondate su cosa già è in suo possesso, a prescindere dal genere di investimento che si sceglie di mettere in pratica. Il RONA o ROA è quindi fondamentale quando si vogliono mettere a confronto due o più imprese che operano nello stesso settore di mercato e che vengono quindi a trovarsi in una competizione spietata. Per calcolare il ROA o RONA è sufficiente dividere il valore dell'imponibile per quello dell'attivo totale.

L'altro indicatore fondamentale per una corretta analisi fondamentale è il Return on Sales, anche detto ROS (ritorno sulle vendite). Esso è necessario a comprendere il cosiddetto "risultato operativo medio", all'interno di una qualsiasi impresa, generato da ciascun prodotto che è stato venduto. Questo indicatore ha perciò il compito di misurare quanto una azienda sia redditizia (con il concetto di redditività ci si riferisce alla percentuale di guadagno / utile ricavata dai soci) in proporzione alla abilità di retribuire le proprie entrare. Il ROS è facilmente ricavabile dividendo risultato operativo per i ricavi di vendita. Il risultato di questa operazione andrà poi moltiplicato per cento. Si può così comprendere quanto le vendite di un certo prodotto hanno influito sull'utile complessivo dell'impresa all'interno di un determinato periodo di tempo. si possono quindi mettere a confronto i ROS di beni differenti per verificare quale bene ha generato più utile fra tutti quelli immessi sul mercato da parte della società in questione. Una società sana presenta valori molto elevati di ROS.

Ci sono poi il Return on Investment, anche chiamato ROI, ed il Return on Equity, comunemente riassunto nell'acronimo ROE. Il primo è l'indice utilizzato per calcolare il livello generico di redditività della gestione caratteristica, ciò però avviene in senso appunto generico. Questo indice misura, quindi, quanto il capitale investito in un'impresa sia in grado di generare ricchezza. Il ROE può essere calcolato dividendo la cifra del reddito operativo per quella del totale attivo.

Calcolando il ROE, infine, si può prevedere il guadagno che una azione di una impresa potrebbe produrre in un futuro più o meno prossimo. Il ROE calcola perciò la redditività degli investimenti effettuati, e viene solitamente confrontato con il guadagno provocato da investimenti di diversa natura, per valutare l'opzione più redditizia da scegliere e replicare. Il ROE consente perciò di considerare se nel periodo analizzato sia stato raggiunto l'equilibrio reddituale. Questo indice lo si ottiene facilmente se si prende il guadagno netto e si decide di dividerlo per il valore del capitale netto. Il risultato andrà poi moltiplicato per cento. Il ROE risulta particolarmente utile dal momento che esso non si basa soltanto sulla gestione caratteristica, ma anche su quella finanziaria e su quella patrimoniale. Il ROE misura quindi, in sintesi, come un capo o titolare ha sfruttato tutte le risorse aziendali per renderle il più proficue possibili, e tutte le strategie che ha usato. Una azienda sana avrà un valore di ROE molto alto, esattamente come già visto prima per quanto riguarda il ROS. Quando troviamo impresa che invece presenta un valore negativo di ROE, a quel punto è evidente che vi sono delle importanti perdite di denaro e che vanno modificate le strategie messe in atto fino a quel momento.

Enterprise Value e multipli di valore

I valori dati dall'Enterprise Value (termine che indica quanto davvero vale una società) mettono in contatto il valore di una impresa con il guadagno periodico fatturato dalla azienda, ma anche con altre importanti cifre, per esempio con il cosiddetto margine operativo, ma anche con tutte quelle altre voci che vengono poi inserite all'interno del conto economico del bilancio d'esercizio di una società.

L'EV (in italiano, valore di azienda) si può ottenere, nelle imprese che presentano una storia di debiti, sommando fra loro la cifra che indica il valore della capitalizzazione di borsa del titolo e la cifra che ne indica il relativo indebitamento finanziario (al suo netto e non lordo). Nelle aziende senza debiti, invece, l'Enterprise Value lo si può ottenere eliminando la cifra che indica il valore della liquidità netta dalla cifra della capitalizzazione di borsa. Il valore della impresa calcolato in questo modo è perciò il prezzo da pagare per tutti coloro che dovessero avere l'intenzione di acquistare la società lasciando indietro i debiti. A partire dall'EV si possono ricavare anche alcuni multipli di valore:

- Enterprise Value / Earnings before interest taxes depreciation and amortization.
- Enterprise Value / Earnings before interest and taxes.
- Enterprise Value / Sales.

I multipli di prezzo

Essi sono indispensabili per poter mettere in piedi una analisi fondamentale che sia più giusta, precisa ed esaustiva possibile. Questi multipli hanno la loro origine sia nel costo con il quale un titolo è stato inserito sul mercato, sia nell'opera di capitalizzazione di questo stesso titolo. Ci sono tanti tipi dei cosiddetti multipli di prezzo, verranno qui elencati i più importanti per lo svolgimento di una corretta analisi fondamentale.

- Price to Sales, riassunto nella sigla: P / S = che sta per il prezzo che andrà poi diviso per il valore delle vendite.
- Il Price Earnings Ratio, riassunto nella sigla: P / E, che sta per il valore del costo che va diviso per il valore del guadagno per ogni singolo titolo.
- Il Price to cash flow from operations, riassunto nella sigla P / CFO, che sta

per = il costo che dovrà poi essere diviso per la quantità del flusso di cassa generato da ogni singolo titolo.
- Il Price to book value, riassunto nella sigla: P / B = ovvero il costo di vendita che dovrà essere diviso per il valore monetario di libro. Con il termine "valore di libro" va intesa la quantità di capitale sociale azionario, di surplus e di guadagni aggiuntivi che sono stati creati nel corso degli anni dall'impresa e che possono essere usate anche come scorte.

Vantaggi dell'utilizzo dei multipli di prezzo

Prima di parlare dei multipli di prezzo è indispensabile tuttavia soffermarsi su un indice necessario per ricavare altri multipli importanti: questo indice è comunemente noto come EPS. Questo acronimo sta per Net Earnings for Share, ovvero "utile netto per azione". Esso lo si trova in moltissime analisi, all'interno delle quali svolge un ruolo spesso fondamentale. Nell'analisi fondamentale, esso è usato però soltanto come punto di inizio per ricavare i valori di tutti i multipli che vengono dopo. Questo perché, se usato da solo, probabilmente andrà a far nascere errori di diverso genere. Nel corso della analisi fondamentale, perciò, questo indice viene utilizzato solo da un determinato punto in avanti, ovvero come punto di partenza per i calcoli che verranno applicati su di esso. L'EPS lo si può ottenere se si divide il guadagno netto per la quantità di titolo della impresa che sono stati messi in circolazione.

Possiamo parlare adesso dei multipli di prezzo. Il più usato fra tutti e consigliato dagli esperti è il rapporto fra prezzo e utile, ovvero il P / E. Il P / E è l'indicatore più diretto fra tutti gli altri multipli di prezzo, poiché esso lo si ricava in maniera diretta a partire dall'EPS. Il P / E infatti indica quanto tempo serve all'azienda per poter ricavare di nuovo il costo che è stato utilizzato per comprare un certo titolo. Il calcolo del P / E si fonda tuttavia su una condizione specifica, ovvero che la azione in esame mantenga costante il valore che essa possedeva nel momento in cui è stata vista i guadagni generati da una azienda robusta e sana tendenzialmente crescono in maniera costante con lo scorrere del tempo, e non si riducono (in caso contrario, questo vorrebbe dire che l'investimento che è stato fatto non è andato a buon fine, e che l'analisi che è stata effettuata non è stata produttiva). Il punto debole di questo indicatore risiede nel fatto che esso risulta efficace soltanto quando è stato messo in pratico un investimento che ha avuto successo. Infatti, se si divide il costo di ogni guadagno per titolo, che poi risulta negativo indicando quindi una perdita, quello che otterremo sarà una cifra sicuramente troppo poco importante in ambito di ricavo. Di solito, però, le imprese che sono state quotate in borsa che hanno un P / E più dal valore inferiore rispetto alle altre, sono anche quelle che costano di meno. Queste imprese sono tuttavia anche, di solito, quelle più a rischio di un innalzamento di valore e di costo delle proprie azioni. Esse sono poi le imprese che presentano la più grande esposizione ai rischi di mercato. Vi sono poi anche altri elementi a cui prestare attenzione: si deve sempre tenere a mente, ad esempio, che il valore del guadagno netto deve sempre essere subordinato a quelle che risultano essere le decisioni dell'impresa, decisioni che quasi sempre influiscono sull'aumento o sulla riduzione del valore delle azioni. Vi sono diversi metodologie che funzionano bene e che servono ad eliminare le debolezze di un indice particolare come il P / E. Si può, ad esempio, fare uso del PEG. Per facilitare il tutto, però, si è di solito propensi a individuare un tasso di P / E che sia il maggiore possibile, poiché, come detto prima, maggiore è il valore di P / E, e maggiori sono le possibilità di aver effettuato un investimento che è poi andato a buon fine.

Ulteriori indicatori fra i multipli di prezzo: il Prezzo / Cash Flow

Il rapporto fra Costo e Cash flow (cioè il P / CF) è abbastanza facile da ricavare, poiché tale indice è calcolabile a partire dal rapporto fra due indicatori che sono già stati spiegati sopra: si tratta infatti del prezzo di borsa del titolo e ovviamente del cash flow. Il P / CF può essere considerato un indice piuttosto simile, effettivamente, al P / E, anche se il P / CF inserisce, al posto del guadagno, il valore dei flussi di cassa. Questo indice è utile per individuare la liquidità totale prodotta dalla impresa. Per ricavare, il cash flow a partire dal valore del P / E, viene usato un procedimento mirato ad eliminare tutti gli indici non monetari (con indici e valori non monetari si devono intendere le svalutazioni e le rivalutazioni, gli ammortamenti, i debiti e i crediti che la azienda ha ammassato, eccetera). Bisogna tenere ben presente che il P / CF è però sempre decisamente suscettibile al continuo cambiamento del valore dei flussi di cassa: per questa ragione, in sostituzione del P / CF, di solito si usa il P / E, che è più stabile. Nel momento in cui il livello di questo indice dovesse innalzarsi troppo, la società che si sta analizzando sta quasi sicuramente subendo una sopravvalutazione all'interno del mercato e dei soggetti da cui esso è composto. Se al contrario la quantità del P / CF è molto basso, c'è la reale possibilità che la azienda sia in fase di sottovalutazione da parte del mercato, in confronto alle sue vere potenzialità. Succede anche che può venire a crearsi una situazione nella quale i guadagni di una impresa sono tendenzialmente sempre maggiori e sempre in crescita, però il C F è invece in riduzione. Esistono in sostanza due motivi per questo avvenimento: o ci si trova davanti ad una start up, oppure bisogna capire meglio la struttura della impresa, per colpa di qualche possibile problema al suo interno che potrebbe influire sul calcolo di questo indice.

Rapporto fra Prezzo e Patrimonio Netto

Il Price to Book Value Ratio, riassunto nel rapporto P / BV, è formato appunto dal rapporto fra il prezzo al quale una azione quotata viene venduta, ed il patrimonio netto corrispondente. Questo indicatore ci permette di confrontare quella che è la quantità e qualità del patrimonio che viene valutata dal mercato (ovvero il suo prezzo) con quella che può essere rilevata partendo dal bilancio d'esercizio della impresa. Il Price to book value ratio mette in atto, perciò, la solidità del patrimonio di una azione. Quando, da questo calcolo, esce un valore elevato, si è davanti ad una possibile sopravvalutazione della impresa da parte del mercato. Se, al contrario, da questo indice esce una cifra bassa, è probabile che la azienda sia oggetto invece di sottovalutazione. Tuttavia, il valore di questo indice può venire influenzato da decisioni aziendali e contabili che risultano essere discutibili, e che, magari, non tengono presenti i beni immateriali.

Il P / S: Price to Sales Ratio

Questo indice viene ricavato in base al rapporto tra il prezzo di un titolo e i ricavi che sono stati guadagnati per ogni titolo che viene comprato. Tale indice, però, non tiene presente due principi essenziali all'interno del ciclo produttivo di una azienda, cioè la sua percentuale di debiti e il tipo di struttura della impresa in presa in esame. Tale indice è utile per calcolare la quantità di volte nelle quali il mercato valuta i ricavi complessivi della società, cioè il fatturato che riguarda un'unica azione. L'appetibilità di una azione è indirettamente proporzionale a quanto vale il Price to Sales Ratio: questi salgono nel momento in cui scende la cifra del rapporto prezzo / vendite. Di solito, più questo rapporto è basso (al di sotto di 1) più la azione è sottovalutata. All'opposto, più il rapporto è elevato, più una azione è ben valutata (più alto di due). Di solito il valore corretto del Price to sales ratio è valutato come quello che si trova circa al valore di 1,5. Ciò significa che il costo corretto (ovvero fair value) dovrebbe ruotare circa su 1,5 volte il ricavo per azione.

Imparare a leggere i multipli di mercato

Un ROI che ha una cifra alta vuol dire che l'investimento è andato bene. L'altro fattore indispensabile da tenere a mente è il fatto che il valore del Return On Investment rimanga costantemente più alto in confronto al prezzo intermedio del denaro. Quando il valore del Return On Investment dovesse risultare più alto rispetto al costo intermedio del denaro, ciò vorrebbe dire che il denaro che è stato investito nella società producono un guadagno più alto in confronto al prezzo causato dai debiti. L'indicatore che serve per calcolare il prezzo equivalente al tasso di indebitamento si chiama Return on Debts, o anche ROD. Questo vuol dire che, anche nel caso di investimenti di scarso successo, essi possono produrre comunque guadagno grazie all'aumento dell'utile totale della azienda. In sintesi: quando il Return On

Investment dovessere risultare maggiore rispetto al valore del return on debts, questo vorrebbe dire che può convenire all'investitore generare debiti appositamente per poi poter essere in grado di applicare un ulteriore investimento su quella società; quando invece il valore del return on debts è maggiore rispetto a quello del return on investment, questa azione è decisamente sconsigliata. Il return on investment non deve essere tuttavia mai usato da solo: questo indicatore va infatti combinato con gli ulteriori indici che abbiamo già visto, per poter così avere un risultato perfetto. Confrontando gli indicatori Return On Investment e Return On Equity si può calcolare una certa connessione capace di generare una specie di "effetto leva". Questo procedimento non è così complesso come può apparire inizialmente: basta in realtà confrontare i valori tra di loro e capire in che rapporto ognuno si trova rispetto agli altri (uguaglianza, maggioranza, minoranza). Qualora il valore del Return On Investment dovesse essere più basso rispetto al tasso di interesse che fa riferimento ai prestiti, l'investimento del capitale versato da terzi porterebbe ad una eccessiva riduzione del Return On Equity (ovvero si creerebbe una leva negativa in senso finanziario): la richiesta di altri soldi in prestito porterebbe soltanto al peggioramento dell'utile della impresa.

In sintesi: qualora la cifra del Return On Equity dovesse essere più bassa in confronto alla cifra del Return On Investment, la leva sarebbe negativa. Se invece la cifra del Return On Equity dovesse essere più alta in confronto alla cifra del Return On Investment, sarebbe molto più conveniente fornire i prestiti per sollecitare il fatturato, per fare in modo che l'utile in più sia maggiore in confronto al costo che si è pagato per l'indebitamento. Più alti sono le cifre di

Return On Investment, Return On Equity e Return On Asset, più la azienda è sana e in grado di produrre ricavi.

Ma una volta ricavati i multipli di mercato, come li si può utilizzare per il calcolo del fair value di una azione e sapere se l'investimento è andato bene?

Usare gli indici per calcolare il giusto valore di un titolo

Due metodi:

1. Sulla base dei multipli di mercato di imprese che hanno caratteristiche simili a quella che è sotto il nostro esame: metodo dei multiple comparables.

2. La scelta di una azione in base al valore di determinati multipli di mercato, confrontato con il valore degli stessi multipli di mercato di altre azioni presenti sul mercato (metodologia dello screening on multiples).

La prima tattica si fonda sul calcolo di un determinato multiplo per una tot quantità di aziende che agiscono in segmenti di mercato simili a quello di appartenenza di quella della azione presa come target. Si applica successivamente il valore medio del multiplo ricavato alla stessa categoria del bilancio della azienda target, e si ottiene il valore della azione che era stata presa come punto di riferimento.

La seconda tattica (cioè quella dello screening on multiples) gerarchizza i titoli a partire da un determinato multiplo e li mette poi in ordine dal titolo con il valore del multiplo più alto, a quello con il valore del multiplo più basso. Questa tattica fa ben vedere quanto può effettivamente convenire l'acquisto di titoli che hanno valori bassi del multiplo, e la vendita di titoli che hanno invece almeno inizialmente valori molto elevati di quel determinato multiplo.

CAPITOLO 4
Gli indici di redditività

Per portare avanti una esatta e precisa analisi fondamentale devono essere utilizzati non soltanto i flussi di cassa e i multipli di mercato, ma anche i cosiddetti indici di redditività. Essi sono indicatori che permettono di capire tramite diversi calcoli quanto una impresa è capace di generare ricavi e di mettere a disposizione beni e servizi partendo da un presunto investimento iniziale, oppure in base ai vari tipi di strutture di società a cui si fa riferimento. Gli indici di redditività posso risultare indubbiamente utili per riuscire ad avere nella maniera più rapida possibile una visione complessiva e quasi interamente completa di come sta andando sul mercato valore di una certa impresa di nostro interesse, con l'obiettivo ultimo di un eventuale investimento. Anche gli indici di redditività sono in realtà sostanzialmente dei multipli, che possono essere calcolati a partire dai dati presenti sul bilancio aziendale d'esercizio. I più importanti fra questi indicatori vengono elencati qui sotto (alcuni di essi li abbiamo già visti nei capitoli precedenti).

- Il più importante è sicuramente l'EBIT (Earnings Before Interest and Taxes) che si può anche chiamare utile operativo.
- EBITDA (Earnings Before Interest, Taxes, Depreciation and Amortization). Tale indice di redditività è anche conosciuto sotto il nome molto più famoso di come MOL, ovvero Margine Operativo Lordo.
- ROA (Return On Assets)
- ROE (Return On Equity)
- ROI (Return On Investment)

L'EBIT (Earnings Before Interest & Taxes) è sostanzialmente l'indicatore che serve per indicare i guadagni complessivi che sono stati generati da una impresa prima dell'applicazione delle tasse, anche detti in gergo tecnico gli oneri finanziari (tasse, imposte, interessi). Proprio per tale ragione tale l'earnings before interest and taxes lo si chiama anche "Operating Income (reddito operativo) Before Taxes". Questo indicatore include soltanto la abilità della impresa di generare ricavi senza includere i costi nel calcolo. Questo indice è di solito usato come punto di partenza per il ricavo del valore di Return On Investment e del valore di Return On Asset. L'EBIT lo si può ottenere in modi diversi, si deve perciò stare molto attenti quando si ha a che fare con esso e quando lo si sta cercando di calcolare: poiché non è un valore fisso, ogni azienda lo ricava di solito in maniera differente e a modo suo.

Troviamo poi L'EBITDA oppure MOL. La prima sigla sta quindi per Earnings Before Interest, Taxes, Depreciation & Amortization.

Tale indice dà il valore del guadagno complessivo lordo generato dalla impresa, cioè l'utile della società prima di effettuare il pagamento di interessi e tasse (esattamente come l'EBIT, in questo senso), però in questo caso al totale lordo bisognerà togliere, come dice il nome stesso, anche svalutazioni ammortamenti. Per ricavare questo indice si deve partire dalla sezione degli interessi inserita all'interno del conto economico. Anche questo multiplo può essere utilizzato come punto di partenza per calcolare altri multipli. Tuttavia, questo multiplo non va mai usato da solo, poiché, dal momento che non include le tasse e gli interessi, esso c'è il rischio che dia una sbagliata rappresentazione dei dati della impresa. EBIT ed EBITDA dovrebbero essere soltanto i punti da cui partire coi calcoli, e non multipli da cui ricavare conclusioni sullo stato di salute di una società.

L'indice del Return On Asset o Return On Net

Asset è indispensabile a sua volta per comprendere la quantità del ritorno economico (del guadagno sostanzialmente) che una società ha sui suoi stessi asset. Il Return On Net Asset indica perciò le modalità con le quali una azienda è capace di produrre denaro, e quindi valore, per tutti essi. Il calcolo che permette di ricavare l'indice di redditività del Return On Asset è in realtà piuttosto facile. Si deve dividere il valore dell'indice Earnings Before Interest and Taxes, per il l'attivo totale (voce sempre inserita all'interno dello stato patrimoniale del bilancio di una azienda). Un valore ottimale di Return On Asset dovrebbe essere sempre decisamente alto. Se elevato, ciò vuol dire che la società è capace di fornire valore ai propri asset in modo efficace. Il Return On Asset dovrebbe risultare in realtà più elevato ancora rispetto ai tassi di interesse che sono proposti dalle banche centrali. In caso contrario ciò vorrebbe dire che il denaro che è stato preso in prestito dalla azienda ha fornito meno ricavi di quanto esso sia costato alla impresa. L'indice del Return On Asset include perciò anche il tasso di indebitamento. Esso, poiché va inserito sempre al posto del denominatore, implica che (qualora fosse troppo alto alto) abbassa il valore totale di questo multiplo. Anche il ROA non andrebbe mai usato da solo, ma in combinazione a Return On Investment e Return On Equity.

www.ingramcontent.com/pod-product-compliance
Lightning Source LLC
Chambersburg PA
CBHW070303220526
45465CB00004B/1726